Das kleine Schaf

Ein Bilderbuch von Bunshu Iguchi

VERLAG ERNST KAUFMANN

Ich bin ein ganz kleines Schaf, das allerkleinste von hundert Schafen.
Aber ich kann schneller laufen und besser springen als alle anderen.
Ich habe viele Freunde, aber keiner ist so klein wie ich.
Unser Hirte ist sehr lieb zu uns allen, aber manchmal habe ich Angst,
er könnte mich vergessen, weil ich so klein bin.
Jetzt muß ich mich aber beeilen, sonst bleibe ich allein zurück.

Gestern habe ich mit der schwarzen Krähe gespielt
und bin auf einmal in den Fluß gefallen.
Weißt du, wer sofort gekommen ist und mich herausgeholt hat?
Natürlich unser Hirte!

Heute führt er uns weit fort zu den grünen Bergen.
Das ist meine erste große Wanderung.
Wir ziehen fort aus dem braunen trockenen Tal
und freuen uns alle auf die saftigen grünen Wiesen.

Die anderen laufen so schnell, und ich bin so müde …

Der Weg ist voller Steine, und meine Beine tun mir weh.
Meine Freundin, die Krähe, kommt und macht mir Mut:
„Geh' weiter, gib nicht auf, kleines Schaf!"

Endlich sind wir angekommen!
Ich habe es doch noch geschafft.
Das Gras ist saftig, und die Blumen blühen.
Die Luft ist so herrlich frisch hier oben auf dem Berg.

Jetzt bin ich satt und glücklich
und möchte spielen.
Ich laufe und springe umher
und freue mich über die schönen Blumen.
Es ist ein wunderbarer Tag.

Auf einmal bin ich ganz allein.
Oh weh, wo bin ich nur?
Wo ist unser Hirte, und wo sind die anderen Schafe?
Die Sonne geht unter.
Meine Freundin, die Krähe, verläßt mich und fliegt nach Hause.
Was soll ich nur machen?
Ich bin verloren …

Ich bin so müde und kann nicht mehr laufen.
Es wird dunkel, und ich habe Angst, weil ich ganz allein bin.
Ich denke an unseren Hirten.
Ob er wohl kommt?
Aber ich bin so klein.
Hoffentlich merkt er, daß ich nicht mehr bei der Herde bin.

Es wird langsam kalt.
Ich fürchte mich im Dunkeln.
Ob ich jemals wieder den Weg nach Hause finde?

Was höre ich da? Es kommt jemand. Wer kann das sein?
Es ist unser Hirte. Er sucht mich. Er hat mich nicht vergessen.

Vorsichtig legt er mich über seine Schulter.
Jetzt brauche ich keine Angst mehr zu haben.
Ich bin ruhig und glücklich und schlafe ein.

Ich wache auf und höre vertraute Stimmen:
„Kleines Schäfchen, wo bist du gewesen?
Wir haben dich vermißt."
Sie kommen alle herbei
und versammeln sich um unseren Hirten
und schauen mich an.
Wie froh bin ich, daß ich wieder bei ihnen bin.

Ich schlafe und träume von unserem Hirten.
Er wird mich immer suchen,
wenn ich mich verirre.
Er wird mich niemals alleinlassen,
weil er mich liebhat.

2. Auflage 1987 · Textübertragung: Gisela Bäder
© 1986 (deutschsprachige Ausgabe) Verlag Ernst Kaufmann, Lahr · © 1985 (Illustrationen) Shiko-sha Company Ltd., Tokyo
First published in Japan 1985 · by Shiko-sha Company Ltd. · Printed in Japan
ISB N (Kaufmann) 3-7806-2155-X